ΝΑ ΓΙΝΕΙΣ ΚΑΛΟΠΡΟΑΙΡΕΤΟΣ ΔΙΑΧΕΙΡΙΣΤΗΣ

Αναδείξτε τον καλύτερο εαυτό της ομάδας σας

ΝΑ ΓΙΝΕΙΣ ΚΑΛΟΠΡΟΑΙΡΕΤΟΣ ΔΙΑΧΕΙΡΙΣΤΗΣ

Αναδείξτε τον καλύτερο εαυτό της ομάδας σας

γραμμένο από Karima Chibane
μεταφρασμένο από Lina Sideris

ΝΑ ΓΙΝΕΙΣ ΚΑΛΟΠΡΟΑΙΡΕΤΟΣ ΔΙΑΧΕΙΡΙΣΤΗΣ

- **Το πρόβλημα;** Πώς να διαχειρίζεστε ομάδες διαφορετικών γενεών σε έναν κόσμο διαρκών αλλαγών;

- **Γιατί είναι χρήσιμο;** Η καλοπροαίρετη διοίκηση υποστηρίζει την ευημερία στην εργασία και συμβάλλει στην ανάπτυξη συνεργειών μέσω της συλλογικής νοημοσύνης, στην αύξηση της απόδοσης και της δημιουργικότητας και στην πρόληψη των ψυχοκοινωνικών κινδύνων.

- **Επαγγελματικό πλαίσιο?** Ηγεσία ή διαχείριση ομάδων, ανθρώπινοι πόροι, διαχείριση ταλέντων, επαγγελματικές σχέσεις κ.λπ.

- **ΣΥΧΝΕΣ ΕΡΩΤΗΣΕΙΣ?**

  - Πώς απαντάμε σε εκείνους που θεωρούν ότι η άσκηση καλοσύνης είναι αφελής;

  - Γιατί να επιλέξετε το καλοπροαίρετο στυλ διοίκησης με γνώμονα τη συναίνεση;

  - Ποιοι είναι οι τρεις βασικοί δείκτες μιας στοργικής και σύμφωνης διοικητικής πρακτικής;

  - Ποια είναι η διαφορά με την ηθική διοίκηση, την αργή διοίκηση ή τον μάνατζερ-προπονητή;

  - Η καλοσύνη, ένα κλειδί για την "ευτυχία" στον επαγγελματικό κόσμο;

- Πώς να γίνετε ένας στοργικός και σύμφωνος μάνατζερ;

- Μπορούν όλοι οι διευθυντές να γίνουν καλοπροαίρετοι;

- Τι λένε τα τελευταία ευρήματα για αυτό το στυλ διαχείρισης;

> *"Κάθε αλήθεια περνάει από τρία στάδια. Πρώτον, γελοιοποιείται. Τότε αντιτίθεται σθεναρά. Τότε θεωρείται δεδομένο. (Άρθουρ Σοπενχάουερ)*

Νέοι τρόποι διαχείρισης αναδύονται αρκετά τακτικά. Η τάση καλοπροαίρετης διαχείρισης φαίνεται να είναι πιο σημαντική. Όπως οι περισσότερες τάσεις στη διοίκηση, ξεκίνησε από τις Ηνωμένες Πολιτείες και κερδίζει έδαφος στη Γαλλία εδώ και μερικά χρόνια. Αν εξετάσουμε τον ορισμό της λέξης "καλο-προαίρετος", θα βρούμε "μια ευνοϊκή διάθεση προς κάποιον" (Centre national de ressources textuelles et lexicales, CNRTL) ή "μια διάθεση του νου που τείνει στην κατανόηση, στην επιεί-κεια προς τους άλλους" (Larousse). Οι διαφορετικοί ορισμοί μπορούν να συνοψιστούν ως εξής: αναζήτηση του θετικού στους άλλους ή σε μια κατάσταση. Επομένως, το ζήτημα είναι να μάθει ο μάνατζερ να διαχειρίζεται τη σχέση με τους άλλους με θετικό τρόπο, ώστε να παράγει αποτελεσματική συλλογική δράση, που θα συμβάλει στην αύξηση της απόδοσης.

Ωστόσο, ορισμένοι διευθυντές εξακολουθούν πολύ συχνά να αναζητούν πάνω απ' όλα αριθμούς, ξεχνώντας την ανθρώπινη σχέση και τη σημασία της ισορροπίας της. Ωστόσο, η διαχεί-ριση των διεπαγγελματικών σχέσεων δεν θα πρέπει πλέον να γίνεται με πίνακες οργάνων: η προσέγγιση αυτή έχει δείξει τα όριά της και η σημερινή αύξηση της επαγγελματικής εξουθέ-νωσης είναι ένα από τα εμφανή συμπτώματα.

Ο επαναπροσανατολισμός της διοικητικής σκέψης στην ανθρώπινη σχέση πριν από το έργο που πρέπει να επιτελεστεί συναντάται πλέον στη βιβλιογραφία του μάνατζμεντ, στα μαθήματα των σχολών μάνατζμεντ, στα πανεπιστήμια και στις παρεμβάσεις των εταιρειών συμβούλων και coaching.

Η φημισμένη Ακαδημία Διοίκησης (AOM), η μεγαλύτερη ακαδημαϊκή εκδήλωση στον τομέα των επιστημών της διοίκησης, ανέδειξε στο ετήσιο συνέδριό της για το 2010 τη διοικητική τάση "Τολμήστε να φροντίζετε". Δύο χρόνια αργότερα, το *Academy of Management Review* (AMR), το επιστημονικό περιοδικό που προέκυψε από την AOM και είναι ένα από τα πιο έγκυρα στον τομέα του, ακολούθησε με έναν φάκελο για τη διαχείριση της φροντίδας και με τακτικά άρθρα σχετικά με την ανάπτυξη αυτής της διοικητικής στάσης.

Αυτή η έντονη ανάδυση του ζητήματος της καλοσύνης και της σύμπτωσης καθίσταται κεντρική. Απορροφά γύρω της τους προβληματισμούς σχετικά με την ηθική διαχείριση, τη συναισθηματική και σχεσιακή νοημοσύνη, την ακεραιότητα, τη συλλογική νοημοσύνη, την ευελιξία ή ακόμη και την *αργή διαχείριση*. Για ορισμένους ανθρώπους, η καλοπροαίρετη διαχείριση που προσανατολίζεται προς τη σύμπτωση είναι το χαρακτηριστικό των μεγάλων μάνατζερ: εκείνων που έχουν μια διεκδικητική προσωπικότητα, που έχουν εμπιστοσύνη στον εαυτό τους, ενώ είναι ανοιχτόμυαλοι.

ΤΑ ΒΑΣΙΚΑ ΣΤΟΙΧΕΙΑ ΕΝΟΣ ΣΤΟΡΓΙΚΟΥ ΔΙΑΧΕΙΡΙΣΤΗ

ΔΙΑΧΕΙΡΙΣΤΕΣ ΣΤΟ ΠΑΡΕΛΘΟΝ ΚΑΙ ΣΤΟ ΠΑΡΟΝ

Τι είναι ο διαχειριστής;

Υπάρχει μια σχετική συναίνεση μεταξύ των διαφόρων συγγραφέων του μάνατζμεντ όσον αφορά τον ορισμό του μάνατζερ. Το κύριο χαρακτηριστικό ενός διευθυντή είναι η αποστολή του, δηλαδή να κατευθύνει και να συντονίζει μια ομάδα ατόμων υπό την ευθύνη του. Συνεπώς, ο διευθυντής μιας εταιρείας είναι επίσης διαχειριστής.

 **NOTA BENE**

Η επιλογή να μην γίνει διάκριση μεταξύ διαχειριστών και ηγετών στο παρόν βιβλίο είναι εκούσια. Η καλοπροαίρετη διαχείριση μπορεί να είναι μια κοινή στάση, καθώς καθένας από αυτούς έχει την κλίση να δημιουργεί συλλογική νοημοσύνη μέσω της συνέργειας.

Ο διευθυντής του αύριο

Η λειτουργία των διοικητικών θεωριών είναι να αποκρυπτογραφήσουν τον τρόπο λειτουργίας των οργανισμών. [e]Τα πρώτα έργα είναι σχετικά πρόσφατα, καθώς χρονολογούνται από τις αρχές του 20ου ΑΙΩΝΑ και είναι προσανατολισμένα στη βελτίωση της απόδοσης των επιχειρήσεων.

Μέχρι τη δεκαετία του εβδομήντα, οι οργανισμοί ήταν δομημένοι με βάση ένα γραφειοκρατικό μοντέλο: ισχυρή ιεραρχία, πολύς έλεγχος και ελάχιστη ανάθεση αρμοδιοτήτων. Η δεκαετία του '90 αποτέλεσε σημείο καμπής στο πλαίσιο αυτό: η ιδιότητα και το ιεραρχικό επίπεδο δεν ήταν πλέον επαρκή, η διοίκηση στράφηκε στην έννοια των αποτελεσμάτων και των μέσων για την επίτευξή τους. Οι διευθυντές έπρεπε να αλλάξουν- τους ήταν απαραίτητο να αναπτύξουν ένα σχεσιακό τύπο νομιμότητας. Η ικανότητα κινητοποίησης ομάδων έχει προτεραιότητα έναντι της τεχνικής δεξιοτεχνίας της εργασίας. Πρέπει πλέον να διαθέτουν σημαντικές επικοινωνιακές δεξιότητες και να ρίχνονται στην καρδιά των ανθρώπινων σχέσεων και των ανθρώπινων ζητημάτων, τις περισσότερες φορές χωρίς προετοιμασία. Η παγκοσμιοποίηση των αγορών, οι ολοένα και ταχύτερες αλλαγές στο περιβάλλον, οι νέοι δικτυακοί οργανισμοί ή οι οργανισμοί που βασίζονται σε έργα έχουν έρθει στο προσκήνιο.

Αυτή η αλλαγή παραδείγματος για τους διευθυντές τους οδηγεί στην ενεργοποίηση άλλων πόρων. Η εκπαίδευση στις σχέσεις καθίσταται αναγκαία, με την ανάπτυξη της ενσυναίσθησης και της γνώσης της συναισθηματικής νοημοσύνης ειδικότερα. Αυτή είναι η μετάβαση από τον διαχειριστή στον ηγέτη. Η *σκληρή εξουσία*, το προνόμιο του πιο επιθετικού διευθυντή, του πολύ ιεραρχικού και άκρως συγκεντρωτικού οργανισμού, έχει τελειώσει. Αν προσαρμοζόταν στο πλαίσιο της μαζικής παραγωγής, στη μεταβιομηχανική κοινωνία μας, όπου η κινητοποίηση της νοημοσύνης είναι σημαντική, όπου η συμμετοχή έχει αντικαταστήσει την υπακοή, οι εργαζόμενοι είναι ελεύθερα άτομα με μικρή αφοσίωση στις εταιρείες. Η λεγόμενη γενιά "Y" αντιπροσωπεύει σαφώς αυτή την κίνηση, η οποία είναι διαρθρωτική και θα γίνει πιο έντονη με τη γενιά Ζ.

 ΜΙΑ ΣΥΝΤΟΜΗ ΥΠΕΝΘΥΜΙΣΗ ΤΩΝ ΓΕΝΕΩΝ

- **Η γενιά Χ** αναφέρεται στα άτομα που γεννήθηκαν μεταξύ 1960 και 1980. Δυσκολεύονται να βρουν σταθερή, καλά αμειβόμενη εργασία και τείνουν να διατηρούν τις θέσεις τους και να ανεβαίνουν με την πάροδο του χρόνου. Αυτή η γενιά προτιμά την ισορροπία μεταξύ ιδιωτικής και επαγγελματικής ζωής. Για αυτούς, η πληροφόρηση είναι μάλλον αργή και φιλτραρισμένη. Είναι δύσκολο γι' αυτούς να κατανοήσουν τη γενιά Υ και το αντίστροφο.

- **Η γενιά Υ** αναφέρεται στα άτομα που γεννήθηκαν μεταξύ 1980 και 1995. Μεγάλωσαν με την τηλεόραση, την ανάπτυξη του Διαδικτύου και τα βιντεοπαιχνίδια. Για αυτούς τους *ψηφιακούς ιθαγενείς*, η εξουσία δεν είναι πάντα συνώνυμη με την ικανότητα. Αμφισβητεί τα πάντα, συμπεριλαμβανομένων των υφιστάμενων μεθόδων διαχείρισης, προς μεγάλη δυσαρέσκεια των Χ. Για εκείνη, η αποτελεσματικότητα υπερισχύει της αρχαιότητας και θέλει να ακούγεται. Δεν βάζει την εργασία σε προτεραιότητα: αναζητά μια καλύτερη ποιότητα ζωής, σκέφτεται βραχυπρόθεσμα και ασκεί κινητικότητα. Θέλει γρήγορη εξέλιξη, ευέλικτο ωράριο, ελευθερία και αυτονομία.

- **Η γενιά Ζ** αναφέρεται στα άτομα που γεννήθηκαν από το 1995 και μετά. Αποκαλείται επίσης "γενιά C", δηλαδή Επικοινωνία, Συνεργασία και Σύνδεση. Αυτή η γενιά έχει μεγαλώσει με τα κοινωνικά δίκτυα και είναι συνεχώς συνδεδεμένη. Σε αντίθεση με άλλες γενιές, δεν γνωρίζουν τη ζωή χωρίς τις νέες τεχνολογίες. Για αυτούς, η ταύτιση είναι ακόμη πιο σημαντική, καθώς πιθανώς δεν θα υπάρχουν πλέον εμπόδια μεταξύ της προσωπικής και της επαγγελματικής ζωής, οι οποίες τείνουν να συγχέονται.

Ο ηγέτης του οποίου η σχεσιακή νοημοσύνη είναι ανεπτυγμένη, ο οποίος υιοθετεί μια καλοπροαίρετη και σύμφωνη διοικητική στάση, αντιπροσωπεύει επομένως τον αυριανό μάνατζερ.

ΤΙ ΕΙΝΑΙ Η ΚΑΛΟΠΡΟΑΙΡΕΤΗ ΚΑΙ ΣΥΜΦΩΝΗ ΔΙΑΧΕΙΡΙΣΗ (BCM);

👁 ΛΕΞΕΙΣ ΚΛΕΙΔΙΑ

- **Οντολογική ασφάλεια**: η εμπιστοσύνη στην ύπαρξή μας. Αυτό το αίσθημα ασφάλειας χρησιμεύει ως στέρεο θεμέλιο για την παραμονή στο κέντρο. Επιτρέπει σε κάποιον να ενεργεί με σεβασμό για τον εαυτό του και τους άλλους, αντί να αντιδρά σύμφωνα με τους αμυντικούς μηχανισμούς του. Ανοίγει τη διεκδικητικότητα. Εν ολίγοις, για έναν μάνατζερ, το ζήτημα είναι να αισθάνεται άνετα στο πετσί του, στη λειτουργία του και στην πολυπλοκότητα του περιβάλλοντός του.

- **Σύμπτωση**: ευθυγράμμιση, τέλεια συνοχή μεταξύ σκέψης, λόγου και πράξης. Για έναν διευθυντή, αυτό μπορεί να συνοψιστεί ως εξής: "Κάνε αυτό που λες και πες αυτό που κάνεις". Αυτή η εσωτερική αρμονία ανοίγει την ενσυναίσθηση.

- **Ενσυναίσθηση**: η δυνατότητα του διευθυντή να νιώσει τι μπορεί να βιώνει ένας εργαζόμενος που αντιμετωπίζει δυσκολίες ή συγκρούσεις. Η ενσυναίσθηση δεν είναι συμπάθεια, η οποία παρηγορεί και περιβάλλει με συγκίνηση- αντίθετα, είναι ουδέτερη και αποστασιοποιημένη. Είναι η ικανότητα να μπαίνεις στη θέση του άλλου, να νιώθεις αυτό που νιώθει και να τον καταλαβαίνεις καλύτερα, και όχι να εκτιμάσαι.

- **Νόημα**: η αναζήτηση νοήματος είναι σημαντική στις μέρες μας και υποστηρίζεται έντονα από τη γενιά Υ ιδιαίτερα. Το να δίνουμε νόημα στις ομάδες που διοικούμε είναι απαραίτητο, όπως δείχνουν όλες οι έρευνες.

- **Ευκινησία**: η αναζήτηση συνεχούς βελτίωσης στην ανάπτυξη της συλλογικής νοημοσύνης των ομάδων που την εφαρμόζουν. Το θέμα είναι ο διευθυντής να εκτιμήσει αυτή τη συλλογική νοημοσύνη, να δημιουργήσει αμοιβαία εμπιστοσύνη για να τη γονιμοποιήσει, να την κινητοποιήσει και να τη συντονίσει.

Το MBC συνίσταται στην επιτέλους εύρεση της ψυχής της εργασίας του διευθυντή, καθώς και στη συνοχή μεταξύ των προσωπικών αξιών και της οικονομικής αποδοτικότητας. Η MBC είναι μια μέθοδος διαχείρισης ομάδων που βασίζεται στην ευγένεια και μπορεί να αναλυθεί σε 12 σημεία.

1. **Να ξέρετε πώς να ακούτε**. Η ενεργητική ακρόαση μας επιτρέπει να εντοπίζουμε τις ασυμφωνίες μεταξύ του λεκτικού και του μη λεκτικού. Όπως γνωρίζουμε σήμερα, στην επικοινωνία, το προφορικό περιέχει μόνο το 20% έως 30% του μηνύματος. Η αποκωδικοποίηση της γλώσσας του σώματος μέσω της φωνής, των χειρονομιών ή των εκφράσεων του προσώπου είναι απαραίτητη, καθώς παρέχει τις βασικές πληροφορίες.

2. *Δίνοντας νόημα στην εργασία κάθε εργαζομένου*. Η ιδέα είναι να μοιραστούμε όλοι μαζί ένα παγκόσμιο όραμα, να καθορίσουμε με σαφήνεια τις αποστολές, να ενθαρρύνουμε και να αναγνωρίσουμε το έργο του καθενός. Είναι σημαντικό να δίνετε τακτικά ανατροφοδότηση για να αναπροσαρμόζετε την εστίαση, εάν είναι απαραίτητο. Φυσικά, αυτό σημαίνει επίσης ότι πρέπει να αντιμετωπίζουμε τις δυσκολίες και να συζητάμε γι' αυτές, με στόχο την εξεύρεση μιας κοινής λύσης.

3. **Διασφάλιση της ευημερίας των ατόμων**, μέσω της εφαρμογής μιας εθελοντικής και συγκεκριμένης πολιτικής, με τη συμμετοχή των εργαζομένων στην επιλογή των εργαλείων τους ή του εργασιακού τους περιβάλλοντος. Πρόκειται επίσης για την εξασφάλιση της ισορροπίας μεταξύ επαγγελματικής και προσωπικής ζωής με τη δυνατότητα τηλεργασίας ή ευέλικτου ωραρίου εργασίας, για παράδειγμα.

4. **Ανάπτυξη καλύτερης συμβίωσης** μέσω καλύτερων σχέσεων. Για να το πετύχει αυτό, ο διευθυντής μπορεί, για παράδειγμα, να εκπαιδευτεί στη συναισθηματική νοημοσύνη, προκειμένου να βελτιώσει τις δεξιότητές του στις σχέσεις. Πράγματι, οι σχέσεις βρίσκονται στο επίκεντρο της διοικητικής λειτουργίας, όπως γίνεται αντιληπτή σήμερα.

5. **Εκτίμηση της έκφρασης και αναγνώριση του δικαιώματος να γίνονται λάθη**, ιδίως στη φάση της μάθησης. Όταν ο διευθυντής αναγνωρίζει τα δικά του λάθη στους υπαλλήλους του, τους επιτρέπει να κάνουν το ίδιο. Δημιουργεί τη δυνατότητα να μαθαίνει κανείς από τα λάθη του και, κατά συνέπεια, να τολμά να κάνει πράγματα με καινοτόμους τρόπους. Η ιδέα του Fail Con, που ξεκίνησε στις Ηνωμένες Πολιτείες, είναι πολύ εμπνευσμένη σε αυτόν τον τομέα.

👁 ΤΟ ΗΞΕΡΕΣ ΑΥΤΟ;

Τα Fail Con είναι συνέδρια για επιχειρηματίες, ιδρυτές νεοφυών επιχειρήσεων και όσους ασχολούνται με την καινοτομία. Μοιράζονται εμπειρίες επιτυχημένων επιχειρηματιών, υπογραμμίζοντας τις αρετές της μάθησης από την αποτυχία. Η βασική ιδέα: οι καλύτεροι επιχειρηματίες είναι εκείνοι που απέτυχαν και στη συνέχεια ξεπέρασαν την αποτυχία τους ανακάμπτοντας οικονομικά, συναισθηματικά και επαγγελματικά.

6. **Σκεφτείτε πρώτα απ' όλα "ομάδα" και προτιμήστε τη συνεργασία**. Ο διευθυντής πρέπει να προσέχει να μην προβάλλει συστηματικά τον εαυτό του. Πρέπει να δείχνουν ταπεινότητα και να θεωρούν το άλλο άτομο σημαντικό για την ομαλή λειτουργία της εταιρείας. Αυτό προϋποθέτει την επίδειξη ενσυναίσθησης και την οικοδόμηση εμπιστοσύνης στις διαπροσωπικές σχέσεις, την καλλιέργειά της και την ανάπτυξή της, ώστε ο καθένας να αισθάνεται ότι συμβάλλει στην ομάδα. Η προτίμηση της συνεργασίας σημαίνει επίσης την εφαρμογή ενός συνεργατικού τρόπου εξεύρεσης λύσεων. Από την άλλη πλευρά,

δεν σημαίνει ποτέ ότι πρέπει να αποδεχτούμε μια ήπια συναίνεση ή να είμαστε χαλαροί!

7. **Προσπαθήστε να παραμείνετε θετικοί**, διότι η διάθεση και η στάση του διευθυντή έχουν μεγάλη επίδραση στους υπαλλήλους του. Να γνωρίζετε ότι αυτή η θετική στάση είναι μεταδοτική για όλη την ομάδα μέσω τριχοειδούς δράσης.

8. **Καθιέρωση του σεβασμού με το παράδειγμα**. Αυτό είναι αναμφίβολα ένα από τα πιο δύσκολα σημεία για έναν μάνατζερ... Πράγματι, απαιτεί αυστηρότητα και καθημερινή εξάσκηση. Ο διευθυντής δεν πρέπει ποτέ να ξεχνά ότι όλες οι χειρονομίες, οι ενέργειες, οι στάσεις ή τα λόγια του παρατηρούνται, αναλύονται και συχνά αναπαράγονται με μιμητισμό. Πρέπει επομένως να τηρεί ένα είδος ασκητισμού, διότι η εντιμότητα, η ηθική, η δικαιοσύνη και το αίσθημα δικαίου πρέπει να είναι υποδειγματικά, αν θέλει να χαίρει του σεβασμού των συναδέλφων του.

9. **"Ο διευθυντής πρέπει να γνωρίζει πώς να αναλαμβάνει προσωπικούς κινδύνους για να προστατεύει τους υπαλλήλους του**. Ο διευθυντής πρέπει να είναι σε θέση να αναλάβει προσωπικά ρίσκα για να προστατεύσει τους υπαλλήλους του, όπως επίσης πρέπει να έχει το θάρρος να τιμωρεί όταν χρειάζεται. Με τον τρόπο αυτό, αποκτούν νομιμότητα και κάνουν τους εργαζόμενους να αισθάνονται ασφαλείς.

10. **Να ξέρεις πώς να διαχειρίζεσαι τη μοναξιά της εξουσίας**. Το άτομο που γίνεται διευθυντής γίνεται ο πιο υπεύθυνος μεταξύ των συναδέλφων του- αυτή η πράξη τον απομονώνει. Ο κίνδυνος είναι να εγκλωβιστούν στην ιδέα ότι έφτασαν εκεί μόνοι τους. Κατ' επέκταση, μπορεί τότε να πιστεύει ότι μόνο στη μοναξιά μπορεί κανείς να ανέβει τη σκάλα. Ένας άλλος κίνδυνος είναι η ανάπτυξη ενός συμπλέγματος απατεώνα.

 # ΠΡΟΣΟΧΗ ΣΤΟ ΣΥΜΠΛΕΓΜΑ ΤΟΥ ΑΠΑΤΕΩΝΑ

Πρόκειται για τον εσωτερικό προβληματισμό που αναπτύσσει ένας διευθυντής όταν αναλαμβάνει μια νέα θέση ή προσθέτει μια νέα ευθύνη στο ρόλο του. Συχνά αναρωτιούνται αν το κοστούμι είναι πολύ μεγάλο γι' αυτούς. Βλέπουν τον εαυτό τους ως απατεώνα και ζουν με το φόβο ότι θα αποκαλυφθούν. Αυτό το σύμπλεγμα επηρεάζει το 70% των ανθρώπων με υψηλό δυναμικό. Η εργασία προσωπικής ανάπτυξης μπορεί να βοηθήσει πολύ, καθώς βοηθά τους ανθρώπους να γνωρίσουν καλύτερα τον εαυτό τους και να ξεκαθαρίσουν τα δυνατά και αδύνατα σημεία τους.

11. **Εξασκήστε την αυθεντικότητα, τη συνοχή**. Πρόκειται για την ευθυγράμμιση των συναισθημάτων, των πεποιθήσεων και της συμπεριφοράς. Αυτή η στάση δημιουργεί εμπιστοσύνη και σταθερότητα στις ομάδες, καθώς ο διευθυντής δίνει ένα σημάδι αξιοπιστίας.

12. **Ανάπτυξη της αίσθησης του χιούμορ**. Ας είμαστε ειλικρινείς: η φύση είναι άδικη σε αυτόν τον τομέα. Ωστόσο, το χιούμορ είναι σημαντικό, διότι εδραιώνει την ομάδα και βοηθά στην επίλυση των εντάσεων: ευτυχείς είναι οι διευθυντές που το διαθέτουν! Ωστόσο, προσέξτε να μην βιαστείτε να απορρίψετε τον εαυτό σας ως χωρίς χιούμορ: πρόκειται για έναν τρόπο θεώρησης των πραγμάτων, ο οποίος μπορεί να πάρει πολλές μορφές και να εξελιχθεί καθώς η προσωπικότητα εξελίσσεται.

👁 ΔΙΑΔΙΚΑΣΙΑ ΕΠΙΚΟΙΝΩΝΙΑΣ

Η Επικοινωνία Διαδικασίας (ή PCM), ένα μοντέλο επικοινωνίας που δημιουργήθηκε το 1980 από τον Αμερικανό ψυχίατρο Taibi Khaler (γεννημένος το 1943), στοχεύει στη διευκόλυνση των ανταλλαγών μεταξύ των ατόμων. Πρόκειται για την ταξινόμηση των προσωπικοτήτων σε διάφορες κατηγορίες. Η γνώση αυτών των κατηγοριών καθιστά δυνατή την απλοποίηση και την προσαρμογή της επικοινωνίας σε κάθε προσωπικότητα. Για το PCM, το οποίο είναι σήμερα πολύ της μόδας, η καλοπροαίρετη διοίκηση είναι ένα από τα τέσσερα στυλ διοίκησης, μαζί με το αυταρχικό, το laissez-faire και το δημοκρατικό. Η καλοπροαίρετη διοίκηση ορίζεται από το γεγονός ότι ενδιαφέρεται περισσότερο για το πρόσωπο παρά για το έργο. Ενισχύει τους δεσμούς σε μια ομάδα, ενθαρρύνει την αλληλεπίδραση και το πνεύμα συνεργασίας.

ΤΙ ΣΗΜΑΙΝΕΙ ΑΥΤΟ;

Τι συνεπάγεται η καλοσύνη ως διοικητική γραμμή συμπεριφοράς; Ας το παραδεχτούμε, αυτή η στάση είναι απαιτητική για τον εαυτό μας, καθώς απαιτεί διορατικότητα στη δική μας λειτουργία και στο δικό μας σχεσιακό τρόπο. Μέσω μιας πιο ανθρώπινης και ουσιαστικής προσέγγισης, οδηγεί στη σύγκλιση.

Μια πιο ανθρώπινη προσέγγιση

Όλο και περισσότεροι διευθυντές συνειδητοποιούν ότι μια πιο ανθρώπινη προσέγγιση παράγει περισσότερα αποτελέσματα. Πράγματι, τους επιτρέπει να κινητοποιούν καλύτερα τις ομάδες τους και να βελτιστοποιούν τους πόρους τους.

Το θέμα είναι να δούμε πρώτα και κύρια τι κάνει τον εργαζόμενο πολύτιμο αντί να τονίσουμε τις αδυναμίες του- εν ολίγοις, να αλλάξουμε τον τρόπο με τον οποίο βλέπει τα πράγματα. Είναι εύκολο να καταλάβει κανείς ότι οι εργαζόμενοι εργάζονται καλύτερα σε ένα πλαίσιο όπου αισθάνονται ότι τους υπολογίζουν.

 Το φαινομενο Pygmalion

Λαμβάνοντας μια θετική και εμπιστευτική ματιά από τον προϊστάμενό του, ο εργαζόμενος βρίσκει στον εαυτό του το εφαλτήριο για να προοδεύσει και να προχωρήσει μπροστά. Εν ολίγοις, αν βλέπετε τους υπαλλήλους σας ως άριστους, θα έχουν όλες τις πιθανότητες να γίνουν τέτοιοι: αυτό είναι που αποκαλούμε το φαινόμενο του Πυγμαλίωνα. Πάνω απ' όλα, να έχετε αυτή την καλοπροαίρετη άποψη για *όλους τους* υπαλλήλους σας, όχι μόνο για εκείνους με τους οποίους τα πάτε καλά.

Ο κύριος τόπος του νοήματος

Σήμερα, η διαχείριση βασίζεται στην πολυπλοκότητα: είναι απαραίτητο να απομακρυνθούμε από τα μηχανικά εργαλεία και τις γραμμικές αιτίες για την επίλυση των καθημερινών προκλήσεων. Έφυγε η εστίαση στο πρόβλημα προκειμένου να βρεθούν οι αιτίες και επομένως κάποιος να κατηγορηθεί! Η αιτιότητα έχει δώσει τη θέση της στην πολυπλοκότητα, όπου πολλές παράμετροι διαπλέκονται και αλληλοεπηρεάζονται, δημιουργώντας αβεβαιότητα. Οι μάνατζερ καλούνται συνεχώς να μετατρέψουν αυτό το άγχος σε αυτοπεποίθηση: γίνονται φορείς νοήματος. Αντιμέτωπες με τη διαρκή αλλαγή, οι ομάδες χρειάζονται την απάντηση στο "γιατί". Αντιμέτωποι με αντιφάσεις και αβεβαιότητες, στρέφονται φυσικά στον διευθυντή για να βρουν συνοχή.

Ο στόχος είναι η σύμπτωση

Η σύμπτωση, ή *"walk the talk"* όπως λένε οι Αμερικανοί, είναι μια έννοια του νευρογλωσσικού προγραμματισμού (NLP) και εμπνευσμένη από το έργο του Αμερικανού ψυχολόγου Carl Rogers (1902-1987). Είναι παρούσα όταν υπάρχει ευθυγράμμιση μεταξύ αυτού που είμαι, αυτού που σκέφτομαι, των αξιών μου, αυτού που αισθάνομαι, αυτού που λέω και αυτού που κάνω. Μπορεί να αναγνωριστεί από την επάρκεια μεταξύ λεκτικών και μη λεκτικών σημάτων. Από αυτή την ευθυγράμμιση προκύπτει η αυθεντικότητα και η κατάσταση ενός ατόμου που ονομάζεται "κεντραρισμένο".

Η σύγκλιση δουλεύεται στον τομέα της αυτοπεποίθησης με μια πραγματική εσωτερική μεταμόρφωση που δίνει μια λαμπερή άνεση. Σύμφωνα με τον Καρλ Ρότζερς, είναι η συμφωνία μεταξύ της επίγνωσης των αναγκών και των επιθυμιών του ατόμου και της έκφρασής τους. Δημιουργεί μια υγιή κατάσταση του νου, που ευνοεί την αυτοπραγμάτωση, η οποία ενθαρρύνει το άλλο άτομο να ξεπεράσει τους αμυντικούς του μηχανισμούς, προκειμένου να αποκαταστήσει τη δική του ευθυγράμμιση.

 **ΕΙΣΤΕ ΣΥΜΦΩΝΟΙ;**

Για να διαπιστώσετε αν είστε σύμφωνοι, απλά κάντε στον εαυτό σας τις ακόλουθες ερωτήσεις σχετικά με την κατάσταση που βιώνετε:

- Μου αρέσει να λέω ή να κάνω κάτι τέτοιο;

- Αισθάνομαι καλά ψυχικά και σωματικά όταν το λέω ή το κάνω;

Θυμηθείτε να το κάνετε αυτό τακτικά και να εμπιστεύεστε αυτό που αισθάνεστε.

Τελικά, οι εργαζόμενοι κρίνουν τους διευθυντές τους με βάση την πραγματικότητα της συμπεριφοράς τους και τη συνέπειά της με το λόγο τους.

ΜΙΑ ΑΥΞΑΝΟΜΕΝΗ ΜΟΡΦΗ ΔΙΑΧΕΙΡΙΣΗΣ

Όλο και περισσότερες εταιρείες εντάσσονται

Το περιοδικό *Psychologies* δημιούργησε την "ημέρα της καλοσύνης" στις 13 Νοεμβρίου 2009 και στη συνέχεια απηύθυνε ένα "κάλεσμα για περισσότερη καλοσύνη στην εργασία". Επί του παρόντος, περισσότερες από 300 εταιρείες, μικρές και μεγάλες, έχουν ακολουθήσει το παράδειγμά μας. Η δέσμευσή τους είναι να αναπτύξουν συγκεκριμένες δράσεις σε τρεις κατευθύνσεις:

- να δώσει νόημα στην εργασία κάθε εργαζομένου,

- να αναπτύξουν την ποιότητα της συμβίωσης και των σχέσεων ,

- εξασφάλιση της ευημερίας των ατόμων.

Για παράδειγμα, μπορούμε να αναφέρουμε:

- Google Europe, για την οποία η στάση του διευθυντή και η εργασιακή ατμόσφαιρα που είναι προσανατολισμένη στην ευημερία βρίσκονται στο επίκεντρο του ορισμού της καλοσύνης,

- η ελεγκτική και συμβουλευτική εταιρεία KPMG, η οποία εισήγαγε έναν χάρτη επτά καλών πρακτικών για την ισορροπία μεταξύ επαγγελματικής και προσωπικής ζωής και δέκα διοικητικές συμπεριφορές που προωθούν τις σχέσεις σεβασμού,

- ο όμιλος Casino, ο οποίος έχει θέσει την καλοσύνη ως βάση της προσέγγισής του στην ανάπτυξη ανθρώπινου δυναμικού, διαχειριζόμενος χωρίς άγχος. Ένας ειδικός σε θέματα άγχους εκπαιδεύει τους διευθυντές σε τρία βασικά σημεία: να δίνουν νόημα στην εργασία, να θέτουν στόχους ανάλογους με τις δυνατότητες του ατόμου και να αναπτύσσουν την αναγνώριση.

Εν ολίγοις, το MBC απελευθερώνει ενέργεια και ταλέντο. Φαίνεται να είναι ταυτόχρονα μια απάντηση στο σημερινό άγχος και μια διαχειριστική μέθοδος προσαρμοσμένη σε όλες τις γενιές.

Ένα στυλ διαχείρισης προσαρμοσμένο σε ομάδες διαφορετικών γενεών

Το MBC είναι η τέλεια απάντηση στον σημερινό πονοκέφαλο των διευθυντών, οι οποίοι διαμαρτύρονται για το χάσμα των γενεών και τη δυσκολία ενοποίησης του αυξανόμενου αριθμού μικτών ομάδων.

Κατ' αρχάς, δίνει λύση στην ανάγκη των Y για αναγνώριση καθώς και για καλή ποιότητα σχέσεων (εμπιστοσύνη, καλή ατμόσφαιρα, αυθεντικότητα κ.λπ.). Αντανακλά επίσης την αναζήτησή τους για νόημα, είτε πρόκειται για την ανάγκη τους να κατανοήσουν τους λόγους για τις αποφάσεις και τις κατευθύνσεις είτε για την απαίτησή τους για αυτοπραγμάτωση στην εργασία. Σε αντίθεση με τους Χ, οι οποίοι έπρεπε να αποδείξουν την ικανότητά τους, οι Υ θέλουν ο διευθυντής να τους εμπιστευτεί από την αρχή – με μια δοκιμαστική περίοδο αν χρειαστεί. Βρίσκονται σε συνεχή αναζήτηση πληροφοριών, γι' αυτό και ο ρόλος των παλαιότερων, των Χ, μπορεί να είναι σημαντικός, ιδίως όσον αφορά τη μετάδοση της τεχνογνωσίας της εργασίας (για παράδειγμα μέσω της καθοδήγησης). Ο διευθυντής, εστιάζοντας τη διοίκησή του στο νόημα, στην αναγνώριση και στις πιο χαλαρές σχέσεις – σημεία στα οποία προφανώς δεν αντιτίθενται ούτε οι Χ – επιτρέπει σε κάθε γενιά να βρει τη θέση της στην ομάδα.

Όσο για τους Ζ που έχουν φτάσει πρόσφατα στον κόσμο της εργασίας και τον βλέπουν ως ζούγκλα, γνωρίζουν ότι θα κάνουν διάφορες δουλειές και ότι οι περισσότερες από τις δουλειές του μέλλοντος δεν υπάρχουν ακόμη. Κατά συνέπεια, η εταιρεία μετατρέπεται σε περιβάλλον μάθησης για αυτούς και η ανάμειξη των γενεών σε μια πραγματική ευκαιρία ανταλλαγής γνώσεων. Ο επιτυχημένος καλοπροαίρετος μάνατζερ έχει αυτό το άνοιγμα και την ευελιξία. Είναι σε θέση να διαχειρίζεται αυτά τα διαφορετικά παραδείγματα, επειδή γνωρίζει πώς να αποκαλύπτει τις δυνατότητες και να γονιμοποιεί τις συνέργειες.

 ## ΜΙΚΡΟ ΣΥΝ

Ένας καλός τρόπος για να συμπεριλάβετε άμεσα τους νέους υπαλλήλους Υ ή Ζ είναι να τους ζητήσετε να συντάξουν μια εμπιστευτική "έκθεση έκπληξη" εντός των πρώτων εβδομάδων από την άφιξή τους. Αυτό θα πρέπει να καλύπτει τα έξι έως οκτώ πράγματα που τους εξέπληξαν περισσότερο, καθώς και τις προτάσεις τους για βελτίωση. Στη συνέχεια εναπόκειται στον διευθυντή να δει ποιες προτάσεις μπορεί να λάβει υπόψη του.

Τα πρώτα μαθήματα κατάρτισης

- Το Ινστιτούτο Διοίκησης Επιχειρήσεων (IAE) του Πανεπιστημίου Jean Monnet Saint-Etienne προσφέρει, στο πλαίσιο του μαθήματος Master II "Διοίκηση του εμπορίου και της διανομής", μια ενότητα για την καλοπροαίρετη διοίκηση που επικεντρώνεται στη διαχείριση του άγχους.

- Από το 2013, στο Πανεπιστημιακό Νοσοκομειακό Κέντρο (CHU) της Ρουέν, προσφέρεται σε διευθυντές νοσοκομείων ένα εκπαιδευτικό πρόγραμμα καλοπροαίρετης διαχείρισης με δύο βασικές αξίες, το δικαίωμα να κάνουν λάθη και την ακρόαση, και με έμφαση στην ανθρώπινη πτυχή στην καρδιά της διαχείρισης.

- Η Grenoble École de management, στο πλαίσιο του διδακτορικού προγράμματος επιχειρήσεων και διοίκησης (DBA), έχει συμπεριλάβει τη διαχείριση της φροντίδας στον κατάλογο των θεμάτων διατριβών της από το 2012.

Ταυτόχρονα, πολλές εταιρείες παροχής συμβουλών, κατάρτισης και καθοδήγησης, είτε στη Γαλλία είτε στο Βέλγιο είτε στην Ελβετία, προσφέρουν πλέον κατάρτιση στην καλοπροαίρετη διαχείριση για να ανταποκριθούν στην αυξανόμενη ζήτηση από τις επιχειρήσεις.

ΣΥΜΠΕΡΑΣΜΑ

Έχει έρθει η ώρα για "οργανική" διαχείριση στις εταιρείες: λιγότερη ιεραρχία και *αναφορές* για περισσότερες λειτουργικές πτυχές, με σύντομες διοικητικές γραμμές. Οι διάφορες σημερινές προσεγγίσεις διατυπώνουν, η καθεμία με τον τρόπο της, αυτή την ποικιλομορφία της διαχείρισης με επίκεντρο τη σχέση, διότι αυτή ασκείται πάνω απ' όλα από ανθρώπους για τους συνανθρώπους τους.

Η ιδιαιτερότητα της ΔΒΜ έγκειται στο γεγονός ότι προκαλεί μια αληθινή σχέση, πιο απαιτητική από την αδιαφάνεια ενός οργανισμού ή την υποχώρηση πίσω από τον εαυτό μας. Ο καλοπροαίρετος και σύμφωνος διευθυντής είναι άμεσος, ανοιχτός, θετικός και τολμά να ταρακουνήσει το προσωπικό του όταν χρειάζεται. Έχει επίσης μια παιδαγωγική κλίση βοηθώντας την ομάδα του να κατανοήσει τις επιτυχίες και τις αποτυχίες. Επίσης, γονιμοποιεί τα ταλέντα του προσωπικού του σε μια δυναμική εξέλιξης. Ανησυχεί για την ευημερία των άλλων, είναι αυτό που οι νεότερες γενιές αποκαλούν "αξιόπιστο", δηλαδή ικανό, στοργικό, ειλικρινές και συνεπές.

Ναι, ας το επαναλάβουμε, πρόκειται για μια απαιτητική μορφή διοίκησης για τον διευθυντή, η οποία απαιτεί συνεχή δουλειά στον εαυτό του για να αποκτήσει δύναμη χαρακτήρα. Γιατί, ας μην ξεχνάμε, το εργαλείο του μάνατζερ είναι πρωτίστως η προσωπικότητά του. Όπως σε κάθε τέχνη, η κανονικότητα στην άσκηση είναι απαραίτητη, ώστε στο τέλος η τεχνική να ξεθωριάσει και να δώσει τη θέση της στην ακρίβεια της χειρονομίας.

Η καλοπροαίρετη διαχείριση έχει την ιδιαιτερότητα ότι εξακολουθεί να αναπτύσσεται. Αυτή η φάση της μεγάλης ανάπτυξης αφήνει ακόμη περιθώρια για τους τολμηρούς διευθυντές να επεκτείνουν τις περιοχές τους και να χαρτογραφήσουν έτσι τους ομότιμους τους. Εξερευνώντας άγνωστα εδάφη μέσα τους, ρίχνοντας φως στις σκοτεινές περιοχές τους, μπορούν στη συνέχεια να συνοδεύουν καλύτερα τους άλλους για να ξεπεράσουν τους εαυτούς τους.

Τέλος, όπως αναφέρει η ΑΟΜ, η καλοπροαίρετη διοίκηση, μέσω της ανθρωπιάς της, προκαλεί τις μεθόδους διοίκησης σε όλο τον κόσμο, και η προσθήκη της διάστασης της σύμπτωσης την καθιστά πιο ανοικτή στις απαιτήσεις του αύριο. Γιατί ας μην ξεχνάμε ότι ο χώρος εργασίας είναι πάνω απ' όλα ένας χώρος ζωής και μια συλλογική επιχείρηση.

ΚΟΡΥΦΑΙΕΣ ΣΥΜΒΟΥΛΕΣ

- Πάνω απ' όλα, μην προσποιείστε ποτέ ότι ενδιαφέρεστε για τους υπαλλήλους σας: θα το νιώσουν αμέσως. Να θυμάστε ότι το 60-70% της επικοινωνίας μας είναι μη λεκτική. Αν δεν είστε ειλικρινείς, ο τόνος της φωνής σας, η στάση του σώματός σας και το πρόσωπό σας θα σας προδώσουν.

- Μην κυκλοφορείτε λέγοντας ότι είστε ένας στοργικός διευθυντής. Το θέμα δεν είναι να το διατυμπανίζουμε, αλλά να το ενσαρκώνουμε πλήρως, με το να είμαστε σύμφωνοι. Η στάση αυτή αποκτάται και διαμορφώνεται σταδιακά και, μόλις αποκτηθεί, θα μιλήσει από μόνη της. Αυτός ο τύπος διαχειριστή μπορεί να εντοπιστεί πολύ γρήγορα.

- Καλλιεργήστε την ευημερία σας, γιατί αυτή επηρεάζει τους υπαλλήλους σας. Βρείτε τον δικό σας τρόπο να επαναφορτίζεστε και να ενεργοποιείτε τον εαυτό σας: αθλητισμός, διαλογισμός, προσωπική ανάπτυξη, τραγούδι ή υποκριτική... και εξασκηθείτε τακτικά. Μην παραμελείτε την οικογενειακή και κοινωνική σας ζωή- αποτελούν μέρος της ισορροπίας σας, και η ισορροπία είναι απαραίτητη, διότι το πώς αισθάνεστε εσείς επηρεάζει το πώς αισθάνεται η ομάδα σας μέσω του συντονισμού.

👁 ΕΝΑ ΜΙΚΡΟ ΕΥΚΟΛΟ ΚΟΛΠΟ

Λίγα λεπτά πριν φύγετε από το γραφείο σας, γράψτε μερικές γραμμές σχετικά με τα επιτεύγματά σας για την ημέρα.

Απολαύστε τα για λίγες στιγμές και μετά φύγετε. Με αυτή την τελετουργία θα αποφύγετε να πάρετε το άγχος σας μαζί σας στο σπίτι.

- Αναπτύξτε τη συναισθηματική σας νοημοσύνη ακούγοντας τα συναισθήματά σας. Καλωσορίστε κάθε συναίσθημα ως φίλο, καθώς μεταφέρει το μήνυμα μιας ανάγκης που ικανοποιείται ή πρέπει να ικανοποιηθεί. Τα συναισθήματα είναι ένα εσωτερικό GPS που μας βοηθά να ανταποκριθούμε στις αλλαγές στο περιβάλλον μας. Υπάρχουν γενικά έξι πρωταρχικά συναισθήματα (χαρά, θλίψη, φόβος, έκπληξη, αηδία και θυμός) και, σύμφωνα με τον Αμερικανό ψυχολόγο Paul Ekman (γεν. 1934), πρωτοπόρο στη μελέτη των συναισθημάτων και της συσχέτισής τους με τις εκφράσεις του προσώπου, είναι καθολικά. Είναι χρήσιμο για έναν διευθυντή να γνωρίζει τι τους προκαλεί και ποιες αντιδράσεις μπορεί να προκαλέσουν. Εξασκηθείτε συχνά για να αποκτήσετε το αντανακλαστικό. Μόλις ενσωματωθεί, θα σας επιτρέψει να ανιχνεύσετε τα συναισθήματα του συνομιλητή σας και να κατανοήσετε τη συμπεριφορά του. Στη συνέχεια, μπορείτε να προσαρμόσετε την επικοινωνία σας αναλόγως.

ΣΥΧΝΕΣ ΕΡΩΤΗΣΕΙΣ

ΠΩΣ ΑΠΑΝΤΑΜΕ ΣΕ ΕΚΕΙΝΟΥΣ ΠΟΥ ΘΕΩΡΟΥΝ ΟΤΙ Η ΑΣΚΗΣΗ ΚΑΛΟΣΥΝΗΣ ΕΙΝΑΙ ΑΦΕΛΗΣ;

Ο καλοπροαίρετος διευθυντής δεν είναι μαλθακός, ονειροπόλος ή χειραγωγός. Δείχνουν σεβασμό και ανθρωπιά σε καθημερινή βάση για να διευκολύνουν τους υπαλλήλους τους και να επιτύχουν τους στόχους τους. Δεν αποφεύγει να πει πράγματα- αντίθετα, προσπαθεί να τα πει καλά. Βέβαια, συχνά είναι ευκολότερο να θυμώνει κανείς, να προσπαθεί να επιβάλει τη θέλησή του με τη βία ή την απειλή ή να αποφεύγει τις ευθύνες του: γι' αυτό η άσκηση της καλοσύνης είναι μια πιο απαιτητική άσκηση για τον διευθυντή που επιλέγει αυτόν τον δρόμο.

ΓΙΑΤΙ ΝΑ ΕΠΙΛΕΞΕΤΕ ΤΟ ΚΑΛΟΠΡΟΑΙΡΕΤΟ ΣΤΥΛ ΔΙΟΙΚΗΣΗΣ ΜΕ ΓΝΩΜΟΝΑ ΤΗ ΣΥΝΑΙΝΕΣΗ;

Υπάρχουν διάφοροι λόγοι γι' αυτό, οι οποίοι επικεντρώνονται στην ευεξία και, κατά συνέπεια, στην αποτελεσματικότερη επαγγελματική παρουσία. Πρώτα απ' όλα, όσον αφορά τον διευθυντή, αυτή η μέθοδος διαχείρισης επιτρέπει στο άτομο που τη χρησιμοποιεί να είναι συνεπής με τις αξίες του, πράγμα απαραίτητο για την ψυχολογική του ισορροπία. Δεύτερον, όσον αφορά τους εργαζόμενους, τους ακούνε περισσότερο, τους υπολογίζουν καλύτερα και εργάζονται σε ένα πιο γαλήνιο περιβάλλον. Το αποτέλεσμα είναι ότι είναι πιο αποδοτικοί, πιο αποτελεσματικοί, λιγότερο άρρωστοι και λιγότερο επιρρεπείς στο στρες.

ΠΟΙΟΙ ΕΙΝΑΙ ΟΙ ΤΡΕΙΣ ΒΑΣΙΚΟΙ ΔΕΙΚΤΕΣ ΜΙΑΣ ΣΤΟΡΓΙΚΗΣ ΚΑΙ ΣΥΜΦΩΝΗΣ ΔΙΟΙΚΗΤΙΚΗΣ ΠΡΑΚΤΙΚΗΣ;

Ο καλοπροαίρετος και σύμφωνος μάνατζερ αναγνωρίζεται πρώτα απ' όλα από την προσωπικότητά του, η οποία υποστηρίζεται από ένα καλό επίπεδο αυτοπεποίθησης, το οποίο επιτρέπει την εμπιστοσύνη στους άλλους. Αυτό το θεμέλιο της εμπιστοσύνης διασφαλίζει στη συνέχεια ότι η διοικητική στάση είναι ανοικτή στην καλοσύνη και τη συναίνεση. Τέλος, ο ακρογωνιαίος λίθος έγκειται στο γούστο του μάνατζερ για τη δουλειά του, διότι αυτή η ευχαρίστηση στην εργασία δίνει ενέργεια τόσο στον μάνατζερ όσο και στην ομάδα του.

ΠΟΙΑ ΕΙΝΑΙ Η ΔΙΑΦΟΡΑ ΜΕ ΤΗΝ ΗΘΙΚΗ ΔΙΟΙΚΗΣΗ, ΤΗΝ *ΑΡΓΗ ΔΙΟΙΚΗΣΗ* Η ΤΟΝ ΜΑΝΑΤΖΕΡ-ΠΡΟΠΟΝΗΤΗ;

Η ηθική διοίκηση, που διαμορφώθηκε από τον Ολλανδό καθηγητή Muel Kaptein το 2003, υποστηρίζει την αυθεντικότητα, την αξιοπιστία, τις επικοινωνιακές δεξιότητες και το ενδιαφέρον για την ευημερία των εργαζομένων.

Η αργή διαχείριση διαμορφώθηκε το 2004 από τη Γερμανίδα Heike Bruch και την Ινδή Sumantra Ghoshal. Αρχικά, επρόκειτο για τη μείωση της ιεραρχίας και την οργάνωση των απαιτήσεων από τους πολλούς παράγοντες της επιχείρησης, σε αντίθεση με τη *γρήγορη διαχείριση*. Στη συνέχεια, επεκτάθηκε στην επανεκτίμηση των ατόμων και της ευημερίας τους στην εταιρεία.

Ο μάνατζερ-coach ενσωματώνει εργαλεία coaching στη διοικητική του πρακτική, όπως διάφορες μορφές ακρόασης, επαναδιατύπωσης, καλοσύνης, αμφισβήτησης και σιωπής.

Αυτές οι διαφορετικές διαχειριστικές προσεγγίσεις συνάδουν με την κύρια δραστηριότητά τους, η οποία είναι η ανθρώπινη πτυχή και η ευημερία των εργαζομένων. Η MBC πηγαίνει ένα βήμα παραπέρα, προσθέτοντας μια θετική άποψη για τον εργαζόμενο, ένα ενδιαφέρον για το γενικό συμφέρον και μια συνοχή που ανοίγει, μέσω της σχεσιακής νοημοσύνης, στη συλλογική νοημοσύνη.

Η ΚΑΛΟΣΥΝΗ, ΕΝΑ ΚΛΕΙΔΙ ΓΙΑ ΤΗΝ "ΕΥΤΥΧΙΑ" ΣΤΟΝ ΕΠΑΓΓΕΛΜΑΤΙΚΟ ΚΟΣΜΟ;

Η τελευταία μελέτη του Ινστιτούτου Great Place to Work που δημοσιεύθηκε στις 13 Φεβρουαρίου 2014, δείχνει ότι μόνο το 30% των εργαζομένων πηγαίνουν στη δουλειά τους με ευχαρίστηση.

Σύμφωνα με το Εθνικό Ινστιτούτο Υγείας και Ιατρικής Έρευνας της Γαλλίας (INSERM), η συνεχής αύξηση της ταλαιπωρίας στην εργασία κοστίζει μεταξύ 2,6% και 3,8% του ΑΕΠ κάθε χρόνο. Αυτές οι δύο έρευνες συνηγορούν υπέρ της καλοσύνης ως συμβολής στην καλύτερη εργασιακή ευημερία, ένα βήμα προς την ευτυχία στην εργασία.

ΠΩΣ ΝΑ ΓΙΝΕΤΕ ΕΝΑΣ ΣΤΟΡΓΙΚΟΣ ΚΑΙ ΣΥΜΦΩΝΟΣ ΜΑΝΑΤΖΕΡ;

Ο στοργικός και σύμφωνος μάνατζερ βρίσκεται στο ανθρώπινο μητρώο. Επομένως, για να γίνετε ένας τέτοιος μάνατζερ, πρέπει να είστε σε θέση να βλέπετε κάθε σχέση και αλληλεπίδραση ως μια περαιτέρω εμπειρία μάθησης. Το θέμα είναι να βοηθάτε τους υπαλλήλους σας να προοδεύουν, ενώ εσείς ο ίδιος προοδεύετε. Μόλις βγείτε από το δίλημμα κυρίαρχος/κυρίαρχος, θα είστε σε θέση να ζητάτε ανατροφοδότηση για τη διαχείρισή σας, να ακούτε την ανατροφοδότηση και να τη χρησιμοποιείτε για να αναπροσαρμόσετε τη στάση σας.

 **ΜΙΚΡΟ ΣΥΝ**

Μόλις νιώσετε άβολα, μετά από μια ανταλλαγή απόψεων με έναν συνάδελφο ή μπροστά σε μια κατάσταση, κάντε στον εαυτό σας την εξής ερώτηση: ποια στάση θα ήταν πιο δίκαιη για μένα και πιο καλοπροαίρετη για τον άλλον; Με αυτόν τον τρόπο, σιγά-σιγά, τα αντανακλαστικά θα εμπεδωθούν. Να θυμάστε ότι κάθε νέα μάθηση δημιουργεί μια νέα νευρική οδό- η επανάληψη είναι αυτή που την εδραιώνει, μέχρι να γίνει αντανακλαστικό.

ΜΠΟΡΟΥΝ ΟΛΟΙ ΟΙ ΔΙΕΥΘΥΝΤΕΣ ΝΑ ΓΙΝΟΥΝ ΚΑΛΟΠΡΟΑΙΡΕΤΟΙ;

Έχουν όλες οι προσωπικότητες την τάση ή την όρεξη να είναι στοργικοί και σύμφωνοι μάνατζερ; Φαίνεται πως όχι. Στο πιο διαδεδομένο παγκοσμίως εργαλείο ταξινόμησης της προσωπικότητας, το MBTI (Myers Briggs Type Indicator), από τις τέσσερις προτιμήσεις κάθε προσωπικότητας, μόνο μία (Διαίσθηση-Αίσθημα) αναφέρει τη φροντίδα ως παράγοντα προτίμησης. Αυτό σημαίνει ότι αυτή η κατηγορία προσωπικότητας θα έχει την ευχέρεια για αυτού του είδους τη διαχείριση, καθώς έχει μια φυσική τάση για αυθεντικότητα ή ενσυναίσθηση.

Αυτό δεν σημαίνει, φυσικά, ότι η πρόκληση είναι αδύνατη για άλλες προσωπικότητες, αλλά μάλλον ότι θα πρέπει να καταβάλουν μεγαλύτερη προσπάθεια για να αναπτύξουν την καλοσύνη τους.

ΤΙ ΛΕΝΕ ΤΑ ΤΕΛΕΥΤΑΙΑ ΕΥΡΗΜΑΤΑ ΓΙΑ ΑΥΤΟ ΤΟ ΣΤΥΛ ΔΙΑΧΕΙΡΙΣΗΣ;

Η πιο πρόσφατη έρευνα στο πλαίσιο αυτό επικεντρώνεται κυρίως στις έννοιες του συντονισμού και των νευρώνων καθρέφτη.

- Ο ηχηρός ηγέτης: σε κάθε ανθρώπινη ομάδα, τη μεγαλύτερη δύναμη συναισθηματικής επιρροής έχει ο ηγέτης. Όταν ο ηγέτης καλλιεργεί ένα θετικό συναισθηματικό κλίμα, επιτρέπει να αναδειχθεί το καλύτερο σε κάθε άτομο: αυτό είναι ο συντονισμός. Πρόσφατες έρευνες σχετικά με τη λειτουργία του εγκεφάλου αποκάλυψαν τον αντίκτυπο της διάθεσης και των ενεργειών του διευθυντή στους ανθρώπους που ηγείται.

- Κατοπτρικοί νευρώνες: ο εγκέφαλος αντιδρά σε πράξεις που κάνει ο ίδιος, αλλά και σε αυτές που κάνει ο άλλος, γεγονός που εξηγεί, για παράδειγμα, το φαινόμενο της συναισθηματικής μετάδοσης. Χάρη στους νευρώνες μας, όταν ο άλλος κάνει μια χειρονομία, οι ίδιες περιοχές ανάβουν στον εγκέφαλό μου, σαν να εκτελούσα εγώ ο ίδιος την πράξη. Το όραμα που έχουμε για τη σχέση μας με το άλλο άτομο και τον κόσμο φέρνει επανάσταση με αυτή την ανακάλυψη: για να κατανοήσουμε τις προθέσεις του άλλου ατόμου, το μόνο που έχουμε να κάνουμε είναι να αφουγκραστούμε τα συναισθήματά μας, το συναίσθημα που μας προκαλεί η στάση του άλλου ατόμου, όπως διευκρινίζει η νευροδιαχείριση.

Ο μάνατζερ που ασκεί τη φροντίδα και τη συναίνεση έχει επίγνωση του αντίκτυπου της διάθεσης ή της θέσης του στην ομάδα του. Γνωρίζει ότι πρέπει να είναι θετικός και να διασφαλίζει ότι τα λόγια, οι χειρονομίες και οι πράξεις του είναι συνεπείς, και έχει επίγνωση της δύναμης του συντονισμού μεταξύ της δικής του κατάστασης και της κατάστασης των υπαλλήλων του. Είναι επίσης πολύ προσεκτικός στη συναισθηματική του κατάσταση κατά τη διάρκεια κάθε αλληλεπίδρασης, διότι κάθε αλλαγή τον ενημερώνει μέσω της κατοπτρικής επίδρασης στη συναισθηματική κατάσταση του συνομιλητή του.

ΑΠΟ ΕΣΑΣ ΕΞΑΡΤΑΤΑΙ!

ΟΙ ΣΩΣΤΕΣ ΕΡΩΤΗΣΕΙΣ

Η εκπροσώπηση της εξουσίας σε μια ομάδα δημιουργεί συμβολική δύναμη. Πράγματι, ο μάνατζερ αποκρυσταλλώνει τις προβλέψεις των ανθρώπων που διοικεί: του αποδίδουν, λόγω της θέσης του, δυνάμεις ή ικανότητες που δεν έχει απαραίτητα στην πραγματικότητα. Για να μην υποκύψετε σε αυτή την ψευδαίσθηση και για να ασκήσετε μια καλοπροαίρετη διαχείριση με το να είστε σύμφωνοι, κάντε στον εαυτό σας μερικές ερωτήσεις. Απαντήστε με ειλικρίνεια, αυτό θα σας βοηθήσει να αποσαφηνίσετε τη διοικητική σας στάση.

- Γιατί είμαι διευθυντής; Ποιο είναι το νόημα της επαγγελματικής μου αποστολής;

- Αισθάνομαι ότι ανήκω;

- Σχετίζεται αυτή η λειτουργία με τους στόχους της ζωής μου;

 **ΠΡΟΣΟΧΗ**

Οι ανεκπαίδευτοι διευθυντές συχνά δημιουργούν άθελά τους άγχος στους υπαλλήλους τους. Αυτή είναι η κλασική περίπτωση των *μεσαίων στελεχών στις* εταιρείες μας: με αλεξίπτωτα σε θέσεις για τις οποίες δεν έχουν τα κατάλληλα εφόδια, αυτά τα νεοπροαχθέντα στελέχη νόμιζαν ότι είχαν κατακτήσει το Άγιο Δισκοπότηρο και τώρα βρίσκονται ανάμεσα σε μια πέτρα και ένα σκληρό σημείο. Στη συνέχεια, κάνουν ό,τι μπορούν, αλλά συχνά βρίσκονται παγιδευμένοι στο τρίγωνο Karpman (σχήμα ανάλυσης των ανθρώπινων σχέσεων) περιστρεφόμενοι σε έναν βρόγχο μεταξύ των ρόλων του θύματος, του διώκτη και του διασώστη, χωρίς να καταφέρνουν να συνοδεύουν σωστά τους συναδέλφους τους. Ναι, πρέπει να ειπωθεί ξανά και ξανά, η διαχείριση είναι μια δουλειά που δεν μπορεί να αυτοσχεδιάζεται.

Κατά τον ίδιο τρόπο, κάθε διευθυντής πρέπει να είναι ξεκάθαρος σχετικά με τις έννοιες της δύναμης, της εξουσίας, της ιεραρχίας και της νομιμότητας, ώστε να μην είναι μαριονέτα.

- Εξουσία: εξουσία πάνω ή με τους άλλους;

- Εξουσία: δίνεται με τίτλο ή αποκτάται με σεβασμό;

- Ιεραρχία: αισθάνομαι άνετα με αυτή την έννοια;

- Νομιμοποίηση: ποιος τη δίνει;

ΠΑΡΑΤΗΡΗΣΤΕ ΚΑΙ ΓΝΩΡΙΣΤΕ ΤΟΝ ΕΑΥΤΟ ΣΑΣ

Ορισμένοι διευθυντές δεν συνειδητοποιούν τον αρνητικό αντίκτυπο που μπορεί να έχει η συμπεριφορά τους στους υπαλλήλους τους. Δεν έχουν ιδέα για την εικόνα που μπορούν να στείλουν. Ωστόσο, αυτή η συνειδητοποίηση είναι ένα ουσιαστικό βήμα για κάθε αλλαγή. Ξεκινήστε με το να συνειδητοποιήσετε την επιρροή σας και, στη συνέχεια, μάθετε να την αξιοποιείτε στο έπακρο, αξιοποιώντας τα δυνατά σας σημεία.

Υπάρχουν δύο τρόποι για να γνωρίσει κανείς καλύτερα τον εαυτό του, να συνειδητοποιήσει τα δυνατά του σημεία και τους τομείς που χρήζουν βελτίωσης: ο ένας συνίσταται στη συνοδεία και ο άλλος στο ταξίδι που κάνει κανείς μόνος του με τη βοήθεια εργαλείων ή πρακτικών.

- Υπάρχουν μέθοδοι υποστήριξης που βασίζονται στα λόγια, άλλες στο σώμα ή ένας συνδυασμός και των δύο.

- Για την εργασία από μόνη της, είναι ζήτημα να βρείτε τα εργαλεία που σας ταιριάζουν, όπως τεστ προσωπικότητας, πρακτικές διαλογισμού, πολεμικές τέχνες, γιόγκα ή πνευματικότητα- όλα τα μονοπάτια είναι αποτελεσματικά. Στο χέρι σας είναι να βρείτε αυτό που σας ταιριάζει. Να θυμάστε ότι η καλύτερη γνώση του εαυτού σας σας βοηθά να γνωρίσετε καλύτερα τους άλλους.

ΠΑΓΙΩΣΗ ΤΩΝ ΘΕΜΕΛΙΩΝ

Βέβαια, δεν αρκεί να "μπολιάσουμε" μια διοικητική θεωρία για να επικρατήσει- είναι απαραίτητο να την αποδεχτεί το σύνολο του σώματος. Πρέπει να γίνει ένας τρόπος λειτουργίας, συμπεριφοράς, που να εδραιώνεται και κατά προτίμηση να μεταφέρεται από ολόκληρη την εταιρεία. Πειραματιστείτε και αξιοποιήστε ό,τι σας βολεύει. Βασιστείτε στα δυνατά σας σημεία για να δοκιμάσετε σε άλλους τομείς. Αν η επικοινωνία είναι το δυνατό σας σημείο, χρησιμοποιήστε την ως μοχλό για τα υπόλοιπα: θα σας βοηθήσει να φοβάστε λιγότερο να κάνετε λάθη. Να θυμάστε ότι από τώρα και στο εξής είστε πιο επιεικείς με τα λάθη, συμπεριλαμβανομένων των δικών σας.

👁 ΈΧΕΤΕ ΚΑΤΑ ΝΟΥ

- Η εμπλοκή σε μια διαδικασία αλλαγής προϋποθέτει πάνω απ' όλα να μάθουμε να ξεμαθαίνουμε!

- Η διαχείριση είναι μια τέχνη, η οποία καλλιεργείται καθημερινά. Η καλοσύνη είναι μια απαιτητική συμπεριφορά, επειδή καταβάλλεται προσπάθεια για τον άλλον.

Τέλος, δώστε προσοχή στους ανθρώπους γύρω σας και θα παρατηρήσετε ότι αυτή η στάση αυξάνεται. Αυτά τα στελέχη αφήνουν πάντα ανεξίτηλο το σημάδι τους στις ομάδες τους, επειδή γονιμοποιούν όπου κι αν πάνε.

ΓΙΑ ΝΑ ΠΡΟΧΩΡΗΣΕΤΕ ΠΕΡΑΙΤΕΡΩ

ΒΙΒΛΙΟΓΡΑΦΙΚΕΣ ΠΗΓΕΣ

BARABEL (Michel) και MEIR (Olivier), *Managéor*, Παρίσι, Dunod, 2006.

BOUVIÉ (Alain), *Management et sciences cognitives*, Vendôme, PUF, 2007.

BRUNEL (Valérie), *Les managers de l'âme*, Παρίσι, La découverte, 2014.

CHIBANE (Karima), *Le développement de l'intelligence émotionnelle des managers par le coaching*, dissertation DESU – Master I "Pratiques du coaching", Paris 8, 2015.

CORNETTE DE SAINT CYR (Xavier), *Pratiquer la bienveillance*, Chêne-Bourg (Ελβετία), Jouvence, 2013.

DÉTRIÉ (Philippe), *Manager au XXIe siècle*, Παρίσι, Eyrolles, 2015.

ENNESSER (Jean-Louis), "Le Neuromanagement, application concrète des neurones miroirs", στο *Les Echos*, Μάιος 2014, πρόσβαση στις 3 Φεβρουαρίου 2016.

http://www.lesechos.fr/idees-debats/cercle/cercle-97921-le-neuromanagement-application-concrete-des-neurones-miroirs-1007086.php

GIRARD (Anne), "What is benevolent management?", στο *Seenago*, 2013, πρόσβαση στις 24 Ιανουαρίου 2016.

http://www.seenago.com/ (καρτέλα Νέα/Δημοσιεύσεις)

GOLEMAN (Daniel), BOYATZIS (Richard) και MC KEE (Annie), *Emotional Intelligence at Work*, Paris, Pearson, 2010.

HEINZ (Matthias), "Signaling cooperation", στο *Social science research network*, Νοέμβριος 2015, πρόσβαση στις 24 Ιανουαρίου 2016.

http://papers.ssrn.com/sol3/papers.cfm?abstract_id=2696911

KOTSOU (Ilios), *Emotional Intelligence and Management*, Louvain-la-Neuve (Βέλγιο), De Boeck, 2015.

LENHARDT (Vincent), *Les responsables porteurs de sens*, Neuilly-sur-Seine, Julhiet, 2012.

"Employees of large French companies and human capital", μελέτη της Obéa για το Trophée du capital humain, στο *SlideShare*, Ιούνιος 2014, πρόσβαση στις 25 Ιανουαρίου 2016.

http://fr.slideshare.net/MichaelPageFrance/1542-mp-frabrochurebookletweb-36340928

MANTIONE (Florian) "Le management bienveillant : sujet, verbe, compliment", στο *Florian Mantione Institut*, πρόσβαση στις 20 Ιανουαρίου 2016.

http://www.florianmantione.com/actualites/editos/247-le-management-bienveillant-sujet-verbe-compliment

"Pour un management par la bienveillance", στο *La Mutuelle bleue*, πρόσβαση στις 25 Ιανουαρίου 2016.

http://www.mutuellebleue.fr/actu-et-prevention/incollableu/pour-un-management-par-la-bienveillance

SCHUTZ (Will), *Το ανθρώπινο στοιχείο*, Παρίσι, InterÉditions-Dunod, 2006.

SÉVE (Marie-Madeleine), "Sept clés pour manager avec bienveillance", στο *L'Express l'Entreprise*, Νοέμβριος 2011, πρόσβαση στις 25 Ιανουαρίου 2016.

http://lentreprise.lexpress.fr/rh-management/sept-cles-pour-manager-avec-bienveillance_1518872.html

SOUDY (Eric), "Benevolent Management" στο *Eric Soudy*, Οκτώβριος 2011, πρόσβαση στις 20 Ιανουαρίου 2016.

https://sites.google.com/site/airhikzen/management-equitable/managementbienveillant

STEILER (Dominique), SADOWSKY (John), ROCHE (Loïck), *Éloge du bien-être au travail*, Grenoble, Presses universitaires de Grenoble, 2010.

TANQUEREL (Sabrina), "Oser le management bienveillant" στο *Le Journal des grandes écoles et universités*, Νοέμβριος 2014, πρόσβαση στις 19 Ιανουαρίου 2016.

http://journaldesgrandesecoles.com/oser-le-management-bienveillant%C2%A0/

TOURNANT (Juliette), *La stratégie de la bienveillance ou l'intelligence de la coopération*, Paris, InterÉditions, 2014.

TREHOREL (Laure), "Se former au 'management bienveillant'", στο *Action Co*, Οκτώβριος 2015, πρόσβαση στις 24 Ιανουαρίου 2016.

http://www.actionco.fr/Thematique/management-1020/Breves/Developpement-formation-management-bienveillant-259903.htm#.VplqAvnhA4Y

VITTORI (Jean-Marc), "Quand les entreprises embaucheront des cœurs", στο *Les Echos*, Ιανουάριος 2015, πρόσβαση στις 24 Ιανουαρίου 2016.

http://www.lesechos.fr/idees-debats/editos-analyses/021620697193-quand-les-entreprises-embaucheront-des-coeurs-1192532.php

ΠΡΟΣΘΕΤΕΣ ΠΗΓΕΣ

BANDLER (Richard) και GRINDER (John), *Η δομή της μαγείας. Το ιδρυτικό βιβλίο του NLP*, Παρίσι, InterÉditions, 2015.

Boyatzis (Richard E.) και Mc Kee (Annie), *Resonant Leadership. Renewing Yourself and Connecting with Others Through Mindfulness, Hope and Compassion*, Boston, Harvard Business School Press, 2005.

Odier (Geneviève) και Segrera (Alberto S.), *Carl Rogers. Être vraiment soi-même. L'approche centrée sur la personne*, Παρίσι, Eyrolles, 2012.

Petitcollin (Christel), *Savoir écouter, ça s'apprend!* Chêne-Bourg (Ελβετία), Jouvence Poche, 2012.

Ramachandran (Vilayanur), *Ο εγκέφαλος φτιάχνει το μυαλό*, Παρίσι, Dunod, 2011.

Rizzolatti (Giacomo) και Signigaglia (Corrado), *Les neurones miroirs*, Παρίσι, Odile Jacob, 2011.

Rogers (Carl) and Pages (M.), *Le développement de la personne*, Paris, InterÉditions, 2005.

Θέλουμε να σας ακούσουμε!
Αφήστε ένα σχόλιο για την ηλεκτρονική σας βιβλιοθήκη
και μοιραστείτε τα αγαπημένα σας βιβλία στα μέσα κοινωνικής δικτύωσης!

Κύριο ISBN: 9782808664448
ISBN: 9782808671866
Νόμιμη κατάθεση: D/2023/12603/508

Ψηφιακός σχεδιασμός: Primento,
ο ψηφιακός συνεργάτης των εκδοτών.

www.ingramcontent.com/pod-product-compliance
Lightning Source LLC
LaVergne TN
LVHW010832200726
843508LV00012B/2565